Ye 30,090

PIÉCES
ÉCHAPPÉES
DU
PORTE-FEUILLE
DE
M. DE VOLTAIRE,
COMTE DE TOURNAY.

Nemo in sese tentat descendere. Perse, Sat. 4.

A LAUSANNE,
Aux dépens de M. le COMTE.

M. DCC. LIX.

PIÉCES
ÉCHAPPÉES
DU PORTE-FEUILLE
DE M. DE VOLTAIRE,
COMTE DE TOURNAY.

 ONSIEUR,

QUELQUE triste qu'il soit pour moi d'être accusé de falsifications de manuscrits & de brigandage littéraire, de quelque douleur que je me sente pénétré de me voir l'objet de votre indignation, exposé par vos reproches aux soupçons du Public, qui sera sans doute porté à me condamner sur le simple témoignage d'un Délateur aussi irréprochable que vous, la pureté de mes intentions me laisse entrevoir un rayon d'espérance, & j'ose me flatter que, mieux instruit de mon innocence, vous me rendrez la justice que je suis en droit d'obtenir de vous. Je sçais que c'est l'ouvrage du tems. En attendant le retour du calme, permettez-moi de ne pas discontinuer de vous servir. Mon dévouement au Public & mon attachement pour vous, dont l'excès ne peut se modérer, malgré les odieuses imputations dont vous prétendez me flétrir, ne me permettent pas de ralentir mon zele dans la recherche curieuse de tous les monumens qui peuvent servir à complètter le trophée glorieux, qui doit consacrer votre mémoire à la postérité. Persuadé que mes soins scrupuleux à recueillir les morceaux épars de cet arc de triomphe, seront encore mal interprétés, j'aime mieux risquer de vous déplaire par une surabondance d'attention, que d'en priver la littérature. Malgré la louable avidité que vous avez toujours témoignée pour l'accroissement de votre réputation, il y a de certaines piéces dont votre modestie ne pourroit sans rougir gratifier la République des Lettres ; il est donc à propos de vous faire une légere & douce violence.

C'est dans cette intention que je publie aujourd'hui ce petit Recueil de Piéces fugitives échappées de votre porte-feuille. On ne me soupçonnera pas d'amour propre, en voyant en tête votre déclaration envoyée à l'Académie de Lausanne, qui précede votre Lettre à M. *Haller*, & sa Réponse. Je pourrois alléguer, pour ma justification, aux yeux du Public, aux vôtres même, que vos protestations ne répandent aucune lumiere sur l'origine des ouvrages que vous desavouez, qu'il se pourroit bien que vous en eussiez perdu le souvenir, que rien ne constate évidemment l'infaillibilité de votre réminiscence, que M. de *Voltaire* transformé en Comte de Tournay, peut dans cette transmigration subite avoir éprouvé quelque altération nuisible à sa mémoire, que d'ailleurs on ne doit pas regarder comme une conviction sans réplique, un tissu d'assertions destituées de preuves, de démentis hasardés & d'épithetes peu ménagées. Quoique ce soit la formule ordinaire dont vous pulvérisez les infortunés qui vous déplaisent, cette foudre n'opere pas toujours son effet. J'aime mieux m'en rapporter aux lumieres de votre conscience. *J'en appelle à Philippe éveillé.*

En adhérant d'avance, avec la plus humble résignation, au jugement que vous porterez, je souscris dès à présent à la condamnation prononcée par vous, contre les ouvrages dont vous vous refusez la paternité : ils sont mauvais, j'en conviens avec tout le monde ; mais puisque vous êtes en train de desavouer, pourquoi vous arrêter en si beau chemin ? Que ne continuez-vous le cours de vos proscriptions ? Pouvez-vous voir tranquillement qu'on ose vous accuser d'avoir donné le jour à *Candide*, roman décousu, sans invention, où regne l'indécence, pour ne pas dire la grossiereté, où l'on étale sans pudeur les principes dangereux du Manichéisme, ouvrage même qui n'a pas le foible mérite du style ?

Vous ne manquerez pas, sans doute, aussi de désavouer l'Ode sur la mort de Madame *la Margrave de Bareith*. Il y a si long-tems que vous devez avoir renoncé au genre Lyrique, que vous ne pouvez vous plaindre trop amerement de quiconque a eu la mal-adresse de vous faire rentrer dans cette carriere que vous aviez abandonnée avec tant de prudence. C'est un guet-à-pens de vous attribuer un si foible ouvrage. On connoît le tendre respect, & la sincere reconnoissance dont vous êtes pénétré pour ceux qui ont eu soin de votre éducation, auxquels vous êtes redevable de ces talens & de ces vertus que nous admirons en vous. Vous ne devriez pas conséquemment être soupçonné d'avoir composé le discours qui accompagne cette Ode : cependant la voix publique vous l'impute ; il est de votre honneur de lui impofer filence par un démenti formel. Que cet Ecrit téméraire foit rangé par vous dans la claffe de vos menfonges imprimés.

Je mets encore à votre *Index*, je ne fçais quelle paraphrafe louche du *Cantique* des *Cantiques* & de *l'Ecclefiafte*. Ne permettez pas qu'on vous faffe les honneurs de pareilles fottifes. Si vous toleriez cette licence, on vous donneroit bientôt les *Cantiques de Pellegrin*.

Mais pour la *mort de Socrate*, il faudroit que vous euffiez bû de la ciguë pour avoir produit un drame auffi froid. Il n'y a que vos ennemis déclarés qui voudroient croire & perfuader aux autres que cette miférable Piéce foit fortie de votre plume. Pour moi, je foutiens que vous n'y avez aucune part, & que l'on n'y peut reconnoître de vous tout au plus que votre orthographe,

J'ai l'honneur d'être, &c.

MÉMOIRE

DE M. LE COMTE DE TOURNAY,

Sur le Libelle clandestinement imprimé à Lausanne, sur le titre de Guerre de M. de Voltaire.

1°. La défense de Milord Bolinbroke est un Ecrit formel contre la Religion, Ecrit très-dangereux qu'on ne peut publier ni faussement imputer à qui que ce soit sans crime.

2°. La Lettre de M. de Voltaire, écrite de Lausanne à M. Thiriot à Paris, est une Lettre presqu'entierement supposée, comme il est aisé de le sçavoir de M. Thiriot : c'est troubler la société que d'imprimer les Lettres des Particuliers ; il est encore plus contre les bonnes mœurs de les falsifier.

3°. La Réponse à cette Lettre par une société de Genevois, est un outrage à la Ville de Geneve, un libelle anonyme qui n'a jamais été imprimé à Geneve, & qu'il n'est pas permis d'imprimer ni de débiter.

4°. Une autre prétendue Lettre écrite

de Geneve, eſt encore un Ecrit anonyme fauſſement imputé aux Genevois, & ne montre qu'une intention formelle, quoique très-infructueuſe, de ſemer la diſcorde entre la ville de Geneve & M. de Voltaire, Seigneur de deux terres aux portes de cette Ville dans l'ancien dénombrement.

5º La prétendue diſpute de M. de Voltaire avec M. Vernet, Profeſſeur en Théologie, n'a jamais exiſté. M. de Voltaire eſt Seigneur de la Terre où M. le Profeſſeur Vernet a une maiſon de Campagne; & le Brouillon qui a ſuppoſé un démêlé entre deux voiſins & deux amis ne peut être qu'un Perturbateur du Public.

6º. Le dernier Mémoire anonyme, ſur la mémoire de feu M. Saurin, ne tend qu'à deſoler une famille innocente des fautes du pere, s'il en a fait, & à renouveler un ſcandale affreux que la prudence & la bonté de LL. EXC. a daigné vouloir étouffer.

Le ſeul nom de l'Editeur rend bien ſuſpect tout le reſte de cet ouvrage de ténébres que je ne connais pas entierement, & dont je n'ai vû que quelques fragmens, & quelques titres tous faux

& calomnieux. C'est un nommé Grasset, Genevois, convaincu d'avoir volé Messieurs Cramer. Je joins ici le certificat que Grasset a été décrété de prise de corps à Geneve. Je me conserve le droit de le poursuivre en Justice. C'est une vaine excuse de dire que son Libelle est extrait d'autres Libelles. Des personalités calomnieuses sont punissables, & il est faux que toutes les Piéces de ce Recueil soient tirées d'autres brochures, puisque les dernieres Lettres sur Saurin sont nouvelles.

Je requiers que cette déclaration signée de ma main, ensemble le certificat des sieurs Cramer, & autres Piéces probantes que je ferai tenir, soient produites devant les Seigneurs, Curateurs de l'Académie.

A Tournay, près de Geneve, par moi FRANÇOIS DE VOLTAIRE, GENTILHOMME *ordinaire de la Chambre du Roi, Comte de Tournay, le* 12 *Février* 1759.

Nota. Cette déclaration a été envoyée à l'Académie de Lausanne, sans Lettre, avec cette adresse : *A MM. les Récteur & Membres de l'Académie de Lausanne.*

LETTRE

DE M. DE VOLTAIRE A M. DE HALLER.

„ Voici, Monsieur, un petit certificat
„ qui peut servir à faire connoître Gras-
„ set, pour lequel on demande votre
„ protection. Ce malheureux a fait im-
„ primer à Lausanne un Libelle abomi-
„ nable contre les mœurs, contre la
„ Religion, contre la paix des Particu-
„ liers, contre le bon ordre ; il est di-
„ gne de votre probité & de vos grands
„ talens, de refuser à un scélérat une
„ protection qui honoreroit des gens de
„ bien. J'ose compter sur vos bons offi-
„ ces, ainsi que sur votre équité. Par-
„ donnez à ce chiffon de papier : il n'est
„ pas conforme aux usages Allemands,
„ mais il l'est à la franchise d'un François
„ qui vous révere plus qu'aucun Alle-
„ mand.

„ Un nommé *Lévêché*, ci-devant Pré-
„ cepteur de M. *Constant*, est Auteur
„ d'un Libelle sur feu M. *Saurin* : il est
„ Ministre d'un village, je ne sçais où,
„ près de Lausanne. Il m'a écrit deux ou

» trois Lettres anonymes sous votre nom.
» Tous ces gens-là sont si misérables,
» qu'ils sont bien indignes qu'un homme
» de votre mérite soit sollicité en leur
» faveur.
» Je saisis cette occasion de vous assu-
» rer de l'estime & du respect avec les-
» quels je serai toute ma vie, &c.

DE VOLTAIRE.

RÉPONSE

DE M. DE HALLER.

» J'AI été véritablement affligé de la
» Lettre dont vous m'avez honoré. Quoi !
» j'admirerai un homme riche, indépen-
» dant, maître du choix des meilleures
» sociétés, également applaudi par les
» Rois & par le Public, assuré de l'im-
» mortalité de son nom, & je verrai cet
» homme perdre le repos pour prouver
» que tel a fait des vols, & qu'un autre
» n'est pas convaincu d'en avoir fait ! Il
» faut bien que la Providence veuille te-
» nir la balance égale pour tous les
» humains : elle vous a comblé de biens :
» elle vous a accablé de gloire : il vous

» falloit des malheurs : elle a trouvé l'é-
» quilibre en vous rendant sensible.

» Les personnes dont vous vous plai-
» gnez, perdroient bien peu en perdant
» la protection d'un homme caché dans
» un coin du Monde, & charmé d'être
» sans influence & sans liaison. Les Loix
» ont seules ici le droit de protéger le
» citoyen & le sujet. M. *Grasset* est
» chargé des affaires de mon Libraire.
» J'ai vû M. *Lévêché* chez un exilé, M.
» *May*, que j'ai visité quelquefois de-
» puis sa disgrace, & qui passoit ses der-
» nieres heures avec ce Ministre. Si l'un
» ou l'autre a mis mon nom à des Lettres
» anonymes, s'il a laissé croire que nos
» Relations sont plus intimes, il aura
» vis-à-vis de moi des torts que vous sen-
» tez avec trop d'amitié.

» Si les souhaits avoient du pouvoir,
» j'en ajouterois aux bienfaits du Destin,
» je vous donnerois de la tranquillité
» qui fuit devant le génie, qui ne la vaut
» pas, par rapport à la Société ; mais qui
» vaut bien davantage par rapport à nous-
» mêmes. Dès-lors l'homme le plus célé-
» bre de l'Europe seroit aussi le plus
» heureux.

Je suis avec l'admiration la plus par-
faite, &c. HALLER.

A MONSIEUR DE VOLTAIRE, COMTE DE TOURNAY.

A Francfort ce 11.... 1759.

Helas! qu'est devenu le tems,
Voltaire, où ton heureux génie
Produisoit les plaisirs constans
Et la gloire de ta Patrie ?
Des possessions & des rangs
Dédaignant le faste éphemere,
Rival de Sophocle & d'Homere,
Tu marchois au-dessus des grands.
Et quel Censeur atrabilaire
Eût pu te refuser alors
Cette gloire, juste salaire
De tes admirables essors ?
Quand ton pinceau rare & sublime,
A nos cœurs charmés & surpris,
Du plus illustre des Henris
Traçoit la vertu magnanime.
Le nom d'Arrouet exalté,

Par l'harmonie & l'éloquence,
Avec le héros de la France
Partageoit l'immortalité.
Tes succès brillans & rapides
Se multiplioient dans leur cours.
De froides *Odes*, des *Candides*
N'obscurcissoient pas ces beaux jours.
Une noblesse imaginaire
N'eût pas alors séduit ton cœur :
C'étoit assez d'être *Voltaire*
Pour exister avec honneur.

Maintenant, Seigneur Gentilhomme,
Quel protocole m'apprendra
Comment vous voulez qu'on vous nomme ?
Chambellan, Comte, & *catera*.
Mille pardons, Votre Excellence,
Mes efforts sont trop limités,
Pour dénombrer vos qualités.
Dans la nomenclature immense
De vos modernes dignités
J'égare maréminiscence.
Il est vrai qu'au grand Ecrivain,
J'aurois donné la préférence
Sur la fastueuse existence
D'un petit Seigneur Cisalpin,

Dont l'ennuyeuſe ſuffiſance
Des menus droits de Suzerain
Savoure la Prééminence ;
Car enfin, noble Châtelain,
De la pompe qui vous décore,
Que l'éclat ſoit trompeur ou vrai,
Je rends vingt *Comtes de Tournay*,
Pour un *Voltaire* à ſon aurore,

LETTRE
A M. DE VOLTAIRE,
COMTE DE TOURNAY.

A Lauſanne ce . . . .

DE la ſuprême intelligence
L'éternelle fécondité,
Au moment de notre naiſſance,
Sur notre débile exiſtence
Verſe un rayon de ſa clarté :
Cette invariable étincelle,
De l'homme compagne fidelle,
Phare de la félicité,
A travers cette nuit obſcure,
Dont nous ſommes environnés,

Fixe la route toujours sûre
Des biens qui nous font destinés.

 Par quelle bizarre manie,
Ennemis de notre bonheur,
De ce flambeau de notre vie
Affoiblissons-nous la splendeur,
Et séduits par l'appas perfide
De flatteuses illusions,
Choisissons-nous pour notre guide,
Le prestige des passions ?
A la fugitive lumiere
De ce Phosphore passager,
L'esprit inconstant & léger
Marche à tâtons dans la carriere.

 Permets que ma sincérité
T'entretienne avec liberté,
Cher *Voltaire* ; si je m'abuse
Près de ton austere équité,
Que l'amitié soit mon excuse,
Et sauve ma témérité.

 Depuis qu'aux confins de la France,
Du donjon d'un vaste château,
Arrouet d'un Comte nouveau
Etale la magnificence ;

Quel Démon change l'ordonnance
Des organes de son cerveau ?

Le moindre soupçon qui le blesse
Enfante un déluge orageux
De contredits de toute espéce :
Protestations, désaveux,
Semblent, pour seconder ses vœux,
Se reproduire sous la presse.
Quoi ! le verai-je errant sans cesse
Dans le dédale tortueux
De quelque procès littéraire ?
Tantôt avec un Imprimeur,
Tantôt avec un colporteur,
Il se fait une grave affaire,
Et colletant son adversaire,
On l'entend crier, au voleur,
Au contrefacteur, au faussaire.
C'est un infidele Editeur,
Dont l'avidité mercénaire
A livré sans nulle pudeur,
Aux mains d'un avare Libraire,
Quelque manuscrit imposteur,
Dont on prétend qu'il est l'Auteur.

L'inquiette tracasserie,
Sur la chaîne de notre vie,

Seme la tristesse & l'ennui:
Cette funeste maladie,
Nous rend, si l'on n'y remédie,
Martyrs des sottises d'autrui.
Nous avons, par notre infortune,
Assez de nos propres travers,
Sans faire une guerre importune
A tous les fous de l'Univers.

O toi, que j'aime & que j'admire,
De cet incommode délire
Abjure la futilité,
Et rends au Public attristé
L'Auteur de *Merope* & d'*Alzire*,
Par nous trop longtems regretté.
Ose encor marcher sur les traces,
Des *Clarks*, des *Leibnits*, des *Newtons*:
Réunis la force & les graces
Des *Virgiles* & des *Miltons*.
Consacre au temple de Mémoire,
De nos Rois les travaux guerriers;
La Scene, ce champ de ta gloire,
T'offre encor de nouveaux lauriers.
Voilà les immortels ouvrages,
Dignes de ton activité,
Qui justifieront nos suffrages,
Aux yeux de la postérité,

Méprise ces obscurs libelles,
Qu'dès leur naissance oubliés,
Pour de ridicules querelles,
Sont follement multipliés.

Si de ta Minerve affoiblie
Tu redoutes la pesanteur,
Judicieux dispensateur
Des fruits tardifs de ton génie,
Par ta prudente œconomie,
Ménage le goût du Lecteur.
Ambitieux entousiaste,
Orné du béguin doctoral,
Ne vas pas de l'*Eccléfiaste*
Défigurer l'ordre moral.
Que surtout, par des vers étiques,
Un Apollon à cheveux gris,
N'aille pas, d'un sot zèle épris,
Dans ses fougues béatifiques,
Ternir du plus beau des *Cantiques*,
Le mysterieux coloris.

Choisis plutôt de l'indolence
La paisible sécurité,
Et qu'une heureuse indifférence
Assure ta tranquillité;

Non la chimérique apathie
D'un imitateur de Zenon.
Gardons nous, trompés par le nom,
De prendre pour philosophie
Le fantôme de la Raison ;
Mais sçachons trouver la mesure
De cette aimable égalité,
De cette paix solide & pure,
Que sans faste & sans âpreté,
L'ame du modeste *Epicure*,
Conduite par la vérité,
Puisoit au sein de la Nature.

De nos vœux inconsidérés
La tumultueuse inconstance,
Sur les flots d'une mer immense,
Promene nos cœurs égarés.
Contre la fureur de l'orage,
Opposer nos frêles agrès,
D'un inévitable naufrage
C'est accélérer les regrets.
Puisque de la raison sublime,
Le foible entendement humain
Ne sçauroit atteindre la cime,
Subissons les loix du Destin.
Faisons un salutaire usage
D'un trésor assez précieux ;

Et connoiſſons tout l'avantage
De ce repos délicieux.
Quand on ne peut ſe rendre ſage;
Il faut du moins ſe rendre heureux.

F I N.